Inhaltsverzeichnis

Vorwort

Monster üben eine große Faszination auf Kinder aus. Die bunten, flauschigen Fabelwesen wecken die Fantasie und Kreativität der Kinder. Diese Projektmappe bietet zahlreiche praktische und anregende Ideen, um sich mit dem Thema „Kleine Monster“ auseinanderzusetzen. Dabei werden alle zehn Bildungsbereiche angesprochen.

Es wird gesungen, gereimt und mit Alltagsgegenständen Monstermusik gemacht.
Aus verschiedensten Materialien werden kleine Ungeheuer geschaffen. So wird die Sinneswahrnehmung und Feinmotorik der Kinder geschult. Viele der Angebote werden mit einfachen Alltagsmaterialien umgesetzt.
Spielerische Aufgaben regen die Kinder zum Erkennen der ersten Zahlen an. Durch Geschichten, Bilder und das Sprechen von Fantasiewörtern wird die Sprachentwicklung der Kinder gefördert. Auch monstermäßige Rezepte können ausprobiert werden. Vielleicht haben Sie auch Lust, ein Monsterfest mit der Gruppe und den Eltern zu planen?

Mehrere Projekte schulen zudem die Sozialkompetenzen der Kinder, da diese gemeinsam durchgeführt werden. Das Thema bietet auch Anknüpfungspunkte, um sich mit den eigenen Gefühlen auseinanderzusetzen und über Angst zu sprechen. Denn Monster unter dem Bett oder im Schrank sind typische Ängste von Kindern im Kindergartenalter. Außerdem gibt es verschiedenste Wahrnehmungs- und Bewegungsaufgaben, mit denen die Kinder selbst zu kleinen Monstern werden.

Jede Aktion enthält eine Altersangabe und eine Angabe zum Bildungsbereich, sodass Sie die Projekte und Arbeitsblätter gezielt mit der ganzen Gruppe oder mit Teilgruppen durchführen können. Außerdem enthält jede Seite eine Arbeitsanleitung, eine Materialliste, Tipps und gff. eine Kopiervorlage.

Ich wünsche Ihnen eine monsterstarke Zeit mit diesem Projekt!

Svenja Ernsten

Hinweis:
Aus Gründen der besseren Lesbarkeit wird im Folgenden auf eine sprachliche Differenzierung der Geschlechterbezeichnungen verzichtet. Da die Erzieher*innen in Kindertagesstätten zumeist weiblich sind, haben wir uns hier für die weibliche Form entschieden. Selbstverständlich sind stets alle Geschlechter angesprochen.

Vorbemerkungen und Arbeitshinweise

Zu den verwendeten Symbolen

Bildungsbereiche (jeweils das äußerste Symbol oben rechts auf den Arbeitsblättern):

 Sprachliche Bildung

 Musikalische Bildung

 Ästhetische Erziehung

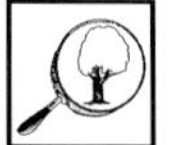 Umwelt-, Sach- und Naturbegegnung

 Gesundheit und Ernährung

 Mathematische Bildung

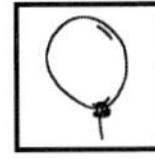 Feste und Feiern

 Wahrnehmung und Entspannung

 Körpererfahrung und Bewegung

 Sozialerfahrungen

Sonstige Symbole:

 geeignet für die Begabtenförderung

 für unter 3-Jährige geeignet

Layout:

- Die Seiten mit **dem Monster** im Layout unten rechts sind für die Erzieher*innen gedacht.

- Die Seiten mit **dem Monsterfuß** unten rechts sind Arbeitsblätter, die direkt mit den Kindern bearbeitet werden können.

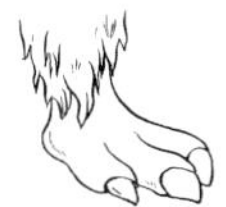

Allgemeine Hinweise zur Organisation und Durchführung

Zur Planung:
Das Projekt ist so angelegt, dass die Aktionen in beliebiger Reihenfolge bearbeitet werden können. Sie sind vielfältig miteinander kombinierbar. Natürlich können auch nur ausgewählte Angebote eingesetzt werden.

Zum Umgang mit den Arbeitsblättern:
Bevor die Kinder die Arbeitsblätter bearbeiten, ist es sinnvoll, die Aufgabenstellung mit ihnen zu besprechen. Hierfür eignen sich auch kleinere Gruppen. Die Kinder können den Zeitpunkt der Bearbeitung der Arbeitsblätter entweder frei wählen, oder es gibt festgelegte Zeiten dafür.
Für die Aufbewahrung der Arbeitsblätter gibt es verschiedene Möglichkeiten:

- Für jedes Kind werden Ablagefächer (oder alternativ unifarben gestaltete Deckel von Kopierpapier-Kartons) bereitgestellt. So haben die Kinder freien Zugriff auf die darin sortierten Arbeitsblätter und können ihre Aufgaben selbst auswählen.
- Jedes Kind erhält einen Schnellhefter, in den Sie regelmäßig nach Alter und Entwicklungsstand ausgewählte Arbeitsblätter (z. B. zwei Arbeitsblätter pro Woche) einheften oder gemeinsam mit dem Kind aussuchen.
- Die fertiggestellten Arbeitsblätter werden im Schnellhefter oder in einer Sammelmappe / einem Sammelordner abgeheftet bzw. kommen als Anlage zur Bildungsdokumentation oder zum Portfolio.
- Außerdem empfiehlt es sich, einen Schuhkarton für andere gefertigte Objekte anzulegen.

Einstieg in das Thema:
Monster sind Fabelwesen, die häufig eine Mischung aus Mensch und Tier sind. Monster kommen in vielen Kinderbüchern, -filmen und -spielen vor. Viele dieser Figuren sehen eher niedlich und lustig aus und sind bei den Kindern beliebt. Es gibt aber auch Kinder, die erzählen, dass sie Angst vor Monstern haben, die sich bei Dunkelheit unter ihrem Bett oder im Schrank verstecken.
Zu Beginn des Themas sollte mit den Kindern besprochen werden, dass es keine echten Monster gibt und diese nur erfundene Figuren sind. Gemeinsam kann überlegt werden, welche bekannten Monster es gibt (Krümelmonster, Shrek, Molly Monster ...).
Anschließend können Sie mit den Kindern das Buch „10 kleine bange Monster" lesen. Darin geht es um zehn ängstliche Monster, die am Ende der Geschichte mutig werden. Anhand dieses Buches kann mit den Kindern auch darüber gesprochen werden, wovor sie selbst Angst haben (z. B. vor Monstern, Dunkelheit, Spinnen, Gewitter ...).
Auch das Fingerspiel „Zehn freche Zappelmonster" (s. S. 12) eignet sich gut als Einstieg.

Erstellen einer Themenecke:
Wählen Sie einen Bereich im Gruppenraum aus, den Sie passend zum Thema gestalten. Hier können Sie Bücher und Spiele zum Thema auslegen. Auch Monsterfiguren oder Kuscheltiere können Sie in dieser Ecke bereitlegen. Der Bereich sollte für die Kinder frei zugänglich sein, sodass sie in Freispielphasen Materialien auswählen und mit diesen spielen können.
Auch die Ergebnisse und Bastelarbeiten der Kinder aus der Projektarbeit können rund um diesen Bereich ausgestellt werden. Wenn Kinder in den freien Phasen Bilder von Monstern nach ihrer Vorstellung malen, bietet es sich an, diese auch in der Themenecke aufzuhängen.

Literaturhinweise und Internetadressen:
Kinderbücher:
- Maurice Sendak: „Wo die wilden Kerle wohnen", Diogenes Verlag, Zürich 2013.
- Andrea Schomburg: „Monster mögen Marmelade", Tulipan Verlag, München 2020.
- Markus Reyhani: „10 kleine bange Monster", FISCHER Sauerländer Verlag, Frankfurt am Main 2018.
- Anna Llenas: „Das Farbenmonster: Ein Pop-up-Bilderbuch", Christophorus Verlag, Freiburg im Breisgau 2022.
- Susanne Böse: „Grummeln, weinen, lachen – was kleine Monster so machen", Arena Verlag, Würzburg 2022.
- Fréderic Bertrand: „Wir haben doch keine Angst im Dunkeln!", Loewe, Bindlach 2021.
- „Du bist also meine Angst?", JUNIEK Verlag, Hamburg 2021.

Internetadressen:
www.gefuehlsmonster.de
www.youtube.com/watch?v=OiEqs4p4eDU (Monster-Tanz: Kinderlied zum Tanzen ...)
www.youtube.com/watch?v=4mh2O3kjteg (Das Kille Kitzel Monster – Singen, Tanzen und Bewegen)

Umgang mit Angst:
Im Zusammenhang mit dem Thema „Kleine Monster" kann sehr gut mit den Kindern über Ängste gesprochen werden. Die Kinder können benennen, wovor sie sich fürchten. Es sollte thematisiert werden, dass es in Ordnung ist, Angst zu haben. Besonders wichtig ist, den Kindern zu vermitteln, dass es Wege gibt, um mit Angst umzugehen. Es kann über verschiedene Strategien gesprochen werden, zum Beispiel Licht machen, jemanden mitnehmen, sich Mut zusprechen. Es sollte spielerische Angebote geben, bei denen die Kinder üben können, Ängste auszuhalten und zu überwinden (z. B. eine Nachtwanderung, Verstecken im Dunkeln oder Schattenspiele).
Es gibt auch zahlreiche altersgerechte Kinderbücher zum Thema „Angst" und „Mut", die Sie in den Literaturtipps auf dieser Seite finden.

Tipps und Anregungen zu den einzelnen Angeboten

Zu „Monsterrasseln", S. 14:
Für die Monsterrasseln können die Kinder von zu Hause leere Überraschungseier mitbringen. Dazu sollten die Eltern frühzeitig über die zukünftige Bastelaktion informiert werden.

Zu „Monsterbox", S. 14:
Für die Monsterboxen können die Kinder von zu Hause leere Kosmetikboxen mitbringen. Dazu sollten die Eltern frühzeitig über die zukünftige Bastelaktion informiert werden. Die Monsterboxen können zunächst im Gruppenraum ausgestellt werden. Anschließend können die Kinder diese mit nach Hause nehmen. Dort können sie zur Aufbewahrung kleiner Gegenstände genutzt werden.

Zu „Baummonster", S. 19:
Besprechen Sie mit den Kindern vorab, dass es wichtig ist, für die Baummonster nur natürliche Materialien zu verwenden, um die Umwelt zu schützen. Bringen Sie die Baummonster am besten im Außengelände der Kita an. Wenn Sie diese in einem Wald anbringen wollen, müssen Sie sich die Erlaubnis bei der entsprechenden Stelle dafür einholen.

Zu „Müllmonster", S. 20:
Betrachten Sie gemeinsam mit den Kindern die Bilder der Müllmonster. Sie beschreiben, was die einzelnen Monster gerne fressen (von oben nach unten: Restmüll, Biomüll, Plastik, Papier). Gemeinsam werden die weiteren Bilder beschrieben und überlegt, zu welchem Monster der Gegenstand jeweils passt. Anschließend verbinden die Kinder die Gegenstände mit den Müllmonstern:
Plastikmüll: Plastiktüte, Trinkpäckchen
Restmüll: Teddybär, kaputte Tasse
Biomüll: Eierschale, Kerngehäuse
Papiermüll: Toilettenpapierrolle, Karton
In diesem Zusammenhang kann mit den Kindern auch genauer über das Sortieren von Müll gesprochen werden. Die Mülltonnen und Müllmonster können in den passenden Farben der Mülltonnen angemalt werden.

Zu den Rezepten im Bereich „Gesundheit und Ernährung", ab S. 21:
Bitte achten Sie auf etwaige **Allergien** oder **Lebensmittelunverträglichkeiten** bei den Kindern.

Zu „Monsterglibber", S. 21:
Das Glas sollte mindestens 6 cm im Durchmesser haben, sodass die Gummitiere auch gut hineinpassen. Hierfür eignen sich zum Beispiel gut gereinigte Kraut- oder Honiggläser. Geben Sie den Eltern ggf. vorher Bescheid, damit sie ihrem Kind ein Glas für den Monsterglibber mitgeben.

Zu „Monster nachspuren", S. 30:
Die Kinder können das Monster mehrmals mit verschiedenen Buntstiften nachspuren. Dabei starten sie beim Punkt und folgen den Pfeilen. Der Stift sollte möglichst wenig abgesetzt werden.

Ideen für weitere Angebote zum Thema:
- Aus einer Socke können die Kinder mit Knöpfen, Filz und Wolle ein Sockenmonster gestalten.
- Die Kinder können Kürbisse aushöhlen und gruselige Gesichter hinein schnitzen.
- Die Spitzen aus einem Eierkarton werden abgeschnitten. Die Kinder können diese mit Acrylfarben bemalen und mit Wackelaugen bekleben.
- Das Spiel „Monsterjäger" vom Schmidt Verlag kann gespielt werden, um die visuelle Wahrnehmung zu fördern.

Monstergeschichte (ab 2 Jahren)

Arbeitsanleitung:
Lesen Sie den Kindern die Monstergeschichte vor. Sie können die Geschichte ein weiteres Mal vorlesen, sodass die Kinder die Zahlen am Ende eines jeden Verses mitsprechen können.

Zehn kleine Monster spielten in der Scheun, eines war ein Pferdefan,
da war'n es nur noch neun.

Neun kleine Monster fuhren mit der Yacht, eines fiel ins Wasser rein,
da war'n es nur noch acht.

Acht kleine Monster sah'n sich um nach Dieben, eines wurde festgenommen,
da war'n es nur noch sieben.

Sieben kleine Monster besuchten eine Hex', eines blieb für immer dort,
da war'n es nur noch sechs.

Sechs kleine Monster strickten bunte Strümpf, eines wurde eingestrickt,
da war'n es nur noch fünf.

Fünf kleine Monster spielten laut Klavier, eines wurde Musiker,
da war'n es nur noch vier.

Vier kleine Monster aßen leck'ren Brei, eines schlief am Tische ein,
da war'n es nur noch drei.

Drei kleine Monster trafen einen Hai, eines ritt auf ihm davon,
da war'n es nur noch zwei.

Zwei kleine Monster liefen durch gelben Schleim, eines klebte leider fest,
da war eins ganz allein.

Ein kleines Monster feierte ein Fest, dazu lud es alle ein,
da kam der ganze Rest.

Fabelwesen (ab 3 Jahren)

Material:
Kopiervorlage „Fabelwesen“ (s. S. 8), Buntstifte

Vorbereitung:
Die Vorlage wird für jedes Kind kopiert.

Arbeitsanleitung:
Zusammen werden die Fabelwesen betrachtet und die Kinder benennen diese (Gespenst, Vampir, Einhorn, Meerjungfrau, Elfe, Zwerg). Es wird überlegt, was diese Figuren gemeinsam haben.

Die Kinder erklären, dass es sich um Fantasiefiguren handelt und dass diese Figuren häufig eine Mischung zwischen Mensch und Tier sind.

Fordern Sie die Kinder anschließend auf, um die beiden Augen herum ein Monster zu malen.
Die Kinder können sich vorab darüber austauschen, wie sie sich ein Monster vorstellen.

Was fressen Monster? ((ab 5 Jahren)

Material:
Kopiervorlage Bildkarten „Was fressen Monster?“ (s. S. 9), ggf. Buntstifte, 1 Schere ggf. Laminiergerät und Laminierfolie

Vorbereitung:
Die Bildkarten werden ausgeschnitten. Die Bilder können angemalt und zur besseren Haltbarkeit laminiert werden. Sie werden in die Mitte des Sitzkreises gelegt.

Arbeitsanleitung:
Fragen Sie die Kinder, was Monster fressen. Nehmen Sie zwei Bildkarten (z. B. Schuh und Salat) und legen Sie diese nebeneinander. Nennen sie das zusammengesetzte Nomen (Namenwort): „Schuhsalat“. Stellen Sie die Frage „Was fressen Monster?“ erneut und lassen Sie ein Kind zwei Bildkarten hintereinander legen und das Wort nennen. Sprechen Sie die Frage „Was fressen Monster?“ nun zusammen mit den Kindern und lassen Sie die Kinder möglichst viele weitere zusammengesetzte Nomen finden (Buchstabensuppe, Schlangeneis, Steinkekse …) .

Kopiervorlage „Fabelwesen“

Kopiervorlage Bildkarten „Was fressen Monster?“ (ab 5 Jahren)

Quatschmonster (ab 4 Jahren)

Material:
Kopiervorlage „Drehscheibe Quatschwörter“ (s. u.), dickeres Papier, 1 Prickelnadel, 1 Musterklammer

Vorbereitung:
Kopieren Sie die Drehscheibe und den Pfeil auf dickeres Papier und schneiden Sie diese aus. Stechen Sie mit Hilfe einer Prickelnadel ein Loch in den Pfeil und in die Mitte der Drehscheibe. Mit einer Musterklammer wird der Pfeil auf der Drehscheibe befestigt.

Arbeitsanleitung:
Kündigen Sie an, dass sie gemeinsam zu Quatschmonster werden wollen, die in Quatschwörtern sprechen. Erklären Sie den Kindern die verschiedenen Symbole auf der Drehscheibe. Drehen Sie den Pfeil auf ein Symbol und sprechen Sie den Kindern ein Quatschwort entsprechend vor. Die Kinder sprechen das Wort nach bzw. klatschen, stampfen oder hüpfen dabei die Silben mit. Danach kann immer ein Kind an der Scheibe drehen und ein Wort vormachen, welches die anderen Kinder nachmachen.

Beispiele für Quatschwörter: Knarz, Pung, Watsmas, Glecki, Schrimpa, Jingalö …

Kopiervorlage „Drehscheibe Quatschwörter“

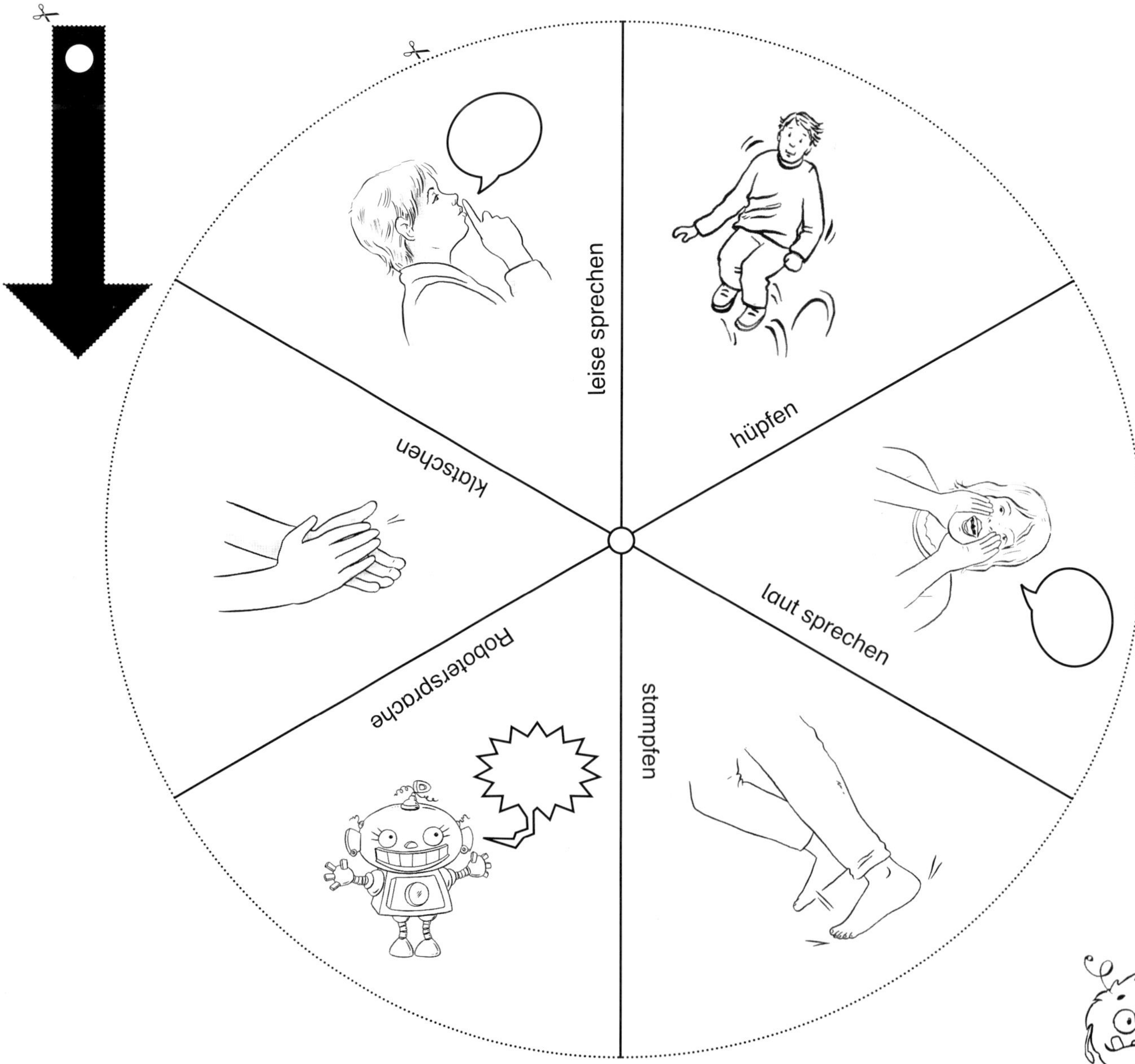

leise sprechen
hüpfen
laut sprechen
stampfen
Robotersprache
klatschen

Kleines Monster (ab 2 Jahren)

Material:
ggf. selbst gebastelte Rasseln (s. S. 14)

Arbeitsanleitung:
Singen Sie den Kindern das Lied zunächst vor. Danach singen die Kinder mit. Die Kinder können mit den selbst gebastelten Rasseln am Ende des Liedes rasseln.

Melodie: traditionell nach „Bruder Jakob"; Text: Svenja Ernsten

Monstermusik (ab 2 Jahren)

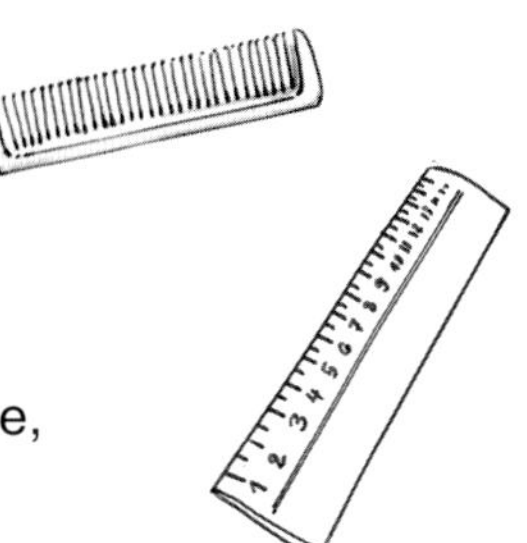

Material:
Kopiervorlage Bildkarten „Monstermusik" (s. S. 12), 1 Schere, ggf. 1 Laminiergerät und Laminierfolie, 6 Tabletts, 1 Kochlöffel, 1 Topf, 1 Flasche, 1 Kamm, Butterbrotpapier, 1 Plastikbox, Gummiringe, 1 Lineal, 1 Schlauch

Vorbereitung:
Die Karten von der Kopiervorlage werden auseinandergeschnitten. Zur besseren Haltbarkeit können sie laminiert werden. Jeweils eine Karte wird zusammen mit den passenden Materialien auf ein Tablett gelegt.

Arbeitsanleitung:
Die Kinder wählen eine Karte aus und versuchen, mit den Materialien Töne oder Geräusche zu erzeugen. In einem Sitzkreis können einzelne Kinder ihre Musik den anderen Kindern vorführen. Abschließend können mehrere Kinder zusammen ein „Krachkonzert" veranstalten.

Kopiervorlage Bildkarten „Monstermusik“

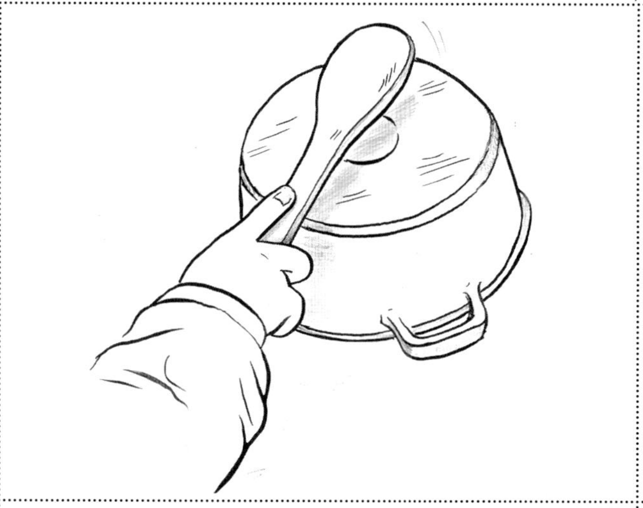

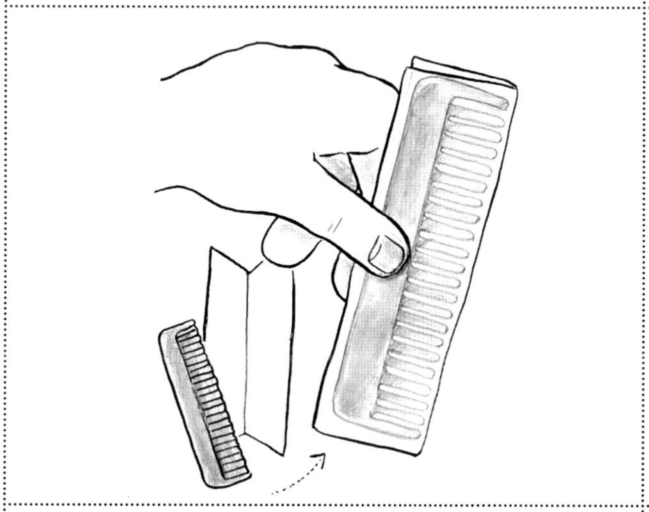

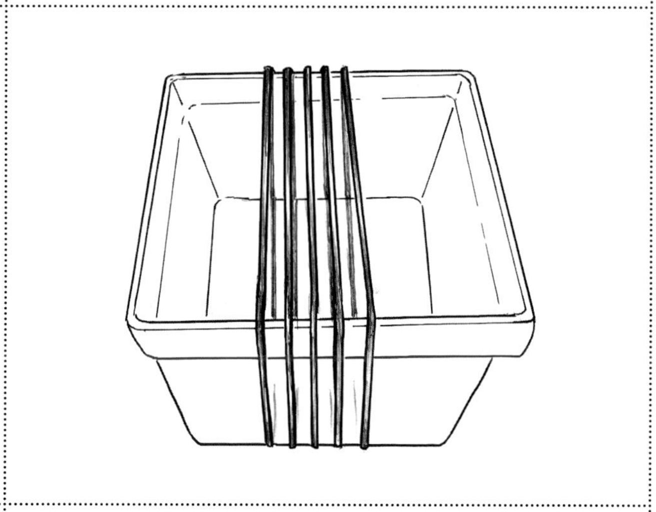

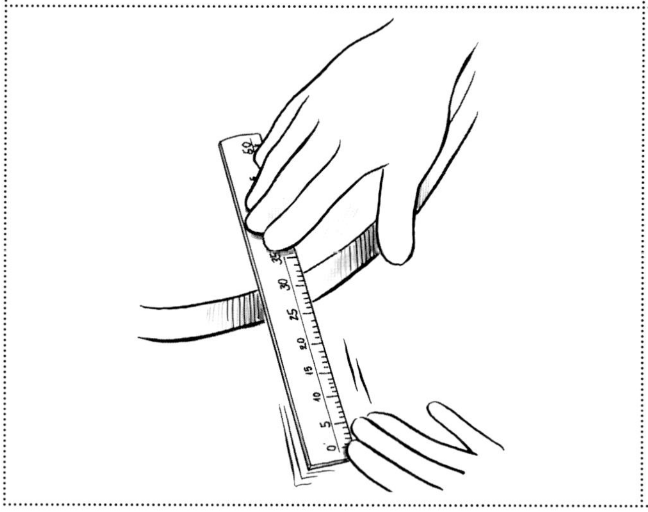

Zehn freche Zappelmonster (ab 2 Jahren)

Arbeitsanleitung:
Sprechen Sie den Kindern das Fingerspiel zunächst vor und zeigen Sie die passenden Bewegungen.
Danach singen die Kinder mit und machen die Bewegungen nach.
Sie können auf ihre Finger auch lustige Monstergesichter malen.

Zehn freche Zappelmonster

Melodie: traditionell nach „Zehn kleine Zappelmänner", Text: Svenja Ernsten

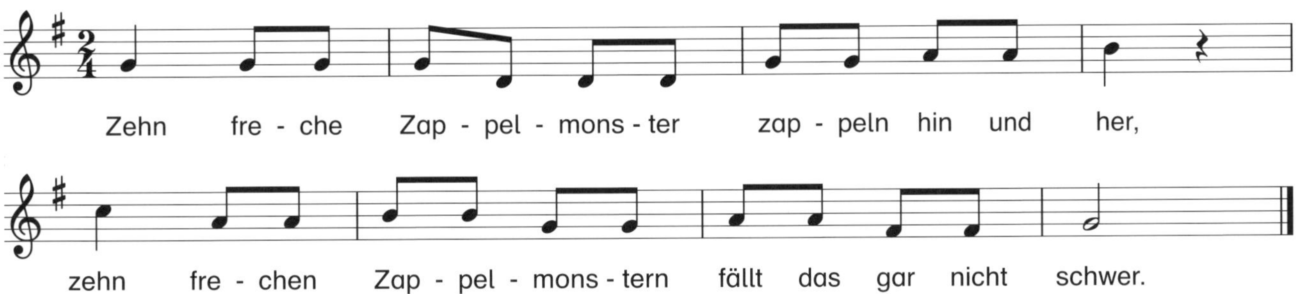

Text	Bewegungen
Zehn freche Zappelmonster zappeln hin und her, zehn frechen Zappelmonstern fällt das gar nicht schwer.	*Mit den Händen hin und her wackeln und dabei mit den Fingern zappeln.*
Zehn freche Zappelmonster zappeln auf und nieder, zehn freche Zappelmonster tun das immer wieder.	*Die Hände mit zappelnden Fingern auf und ab bewegen.*
Zehn freche Zappelmonster zappeln ringsherum, zehn freche Zappelmonster, die sind gar nicht dumm.	*Beide Hände mit zappelnden Fingern im Kreis bewegen. Man kann sich auch im Kreis drehen.*
Zehn freche Zappelmonster spielen gern Versteck, zehn freche Zappelmonster sind auf einmal weg.	*Die Hände hinter dem Rücken verstecken.*

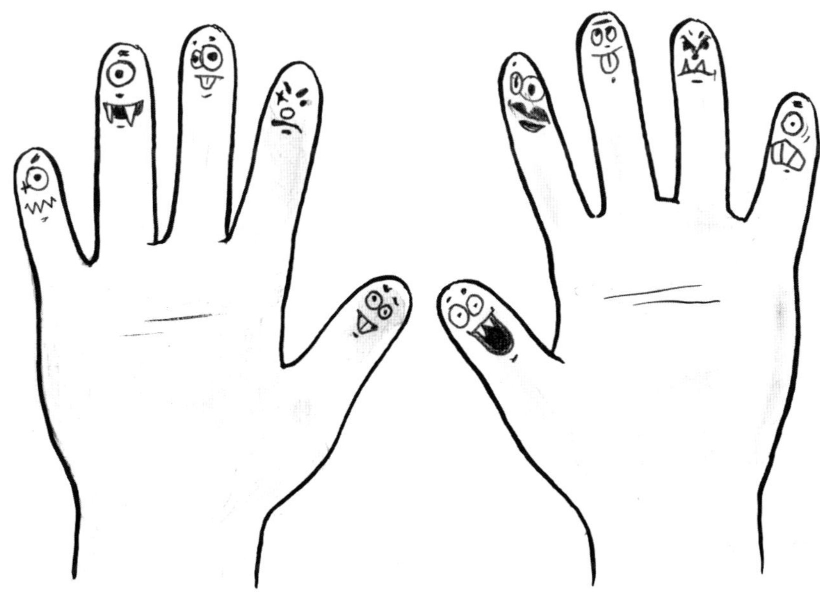

Monsterrasseln (ab 2 Jahren)

Material:
1 Döschen aus Überraschungseiern® pro Kind, Löffel, Reis, Linsen oder Mais, Acrylfarben, Pinsel, 1 schwarzer Acrylstift, ggf. Wackelaugen, Wollreste, Scheren, 1 Heißklebepistole

Vorbereitung:
Geben Sie jedem Kind eines der Döschen.

Arbeitsanleitung:
1. Die Kinder füllen mit dem Löffel Reis, Linsen oder Mais in das gelbe Döschen und verschließen es gut.
2. Sie bemalen es von außen mit Acrylfarben.
3. Nach dem Trocknen werden mit dem schwarzen Acrylstift zwei Augen, eine Nase und ein Mund aufgemalt. Die Kinder können auch Wackelaugen aufkleben, statt sie aufzumalen.
4. Von der bunten Wolle werden mehrere Stücke abgeschnitten. Diese werden mit Ihrer Hilfe mit Heißkleber als Haare oben auf der Rassel festgeklebt.

Viel Spaß mit den Rasselmonstern!

Monsterbox (ab 2 Jahren)

Material:
1 Kosmetikbox pro Kind, Acrylfarben, Pinsel, weißer Tonkarton, Scheren, Kleber, Bleistifte, schwarze Filzstifte, Materialien zum Verzieren (z. B. kleine Pompons, Krepppapierkügelchen, Wollreste, Knöpfe oder Moosgummistücke)

Vorbereitung:
Jedes Kind erhält eine Kosmetikbox. Diese kann noch mit Tüchern gefüllt sein, sodass die Kinder sie normal nutzen können und die Tücher wie eine Zunge heraushängen. Sie können aber auch eine leere Box nehmen, in denen die Kinder ggf. etwas aufbewahren können, zum Beispiel ihr Taschengeld.

Arbeitsanleitung:
1. Die Kinder bemalen die Box mit Acrylfarben.
2. Nach dem Trocknen werden aus weißem Tonkarton Zähne ausgeschnitten und hinter die Öffnung geklebt. Hierbei benötigen die Kinder ggf. Ihre Hilfe.
3. Auf den weißen Tonkarton werden Augen aufgemalt und ausgeschnitten. Auf diese werden dann mit dem schwarzen Filzstift die Pupillen aufgemalt.
4. Nun werden die Augen über der Öffnung auf den Karton geklebt.
5. Der Karton wird nun verziert. Dazu können Pompons, Krepppapierkügelchen, Wollreste, Knöpfe, Moosgummistücke oder andere Materialien aufgeklebt werden.

Fertig sind die Monsterboxen! Und wer wagt es nun, die Hand in das Maul der hungrigen Ungeheuer zu stecken?

Pustemonster (ab 2 Jahren)

Material:
weißer Tonkarton, Pinsel, Wasserfarben, Trinkhalme, Wackelaugen, Kleber

Vorbereitung:
Jedes Kind erhält ein Stück Tonkarton.

Arbeitsanleitung:
1. Mit dem Pinsel wird ein Farbklecks auf den Tonkarton gegeben.
2. Der Trinkhalm wird mit dem unteren Ende dicht über die Farbe gehalten und die Farbe in verschiedene Richtungen gepustet.
3. Nach dem Trocknen der Farbe werden die Wackelaugen aufgeklebt.

Tipp: Das Bild kann auch als Gemeinschaftsprojekt gestaltet werden, indem jedes Kind der Gruppe auf einem großen Stück Tonkarton ein Pustemonster gestaltet.

Knetmonster (ab 3 Jahren)

Material:
bunte Knete, Unterlagen, Wackelaugen, bunte Pfeifenputzer, Federn, kleine Pompons, evtl. Moosgummi

Vorbereitung:
Geben Sie jedem Kind ein Stück Knete und eine Unterlage.

Arbeitsanleitung:
1. Die Kinder formen aus der Knete kleine Monster.
2. Sie drücken ein, zwei oder auch mehrere Wackelaugen in die Knete.
3. Pfeifenputzer, Federn oder Pompons werden als Haare oben in die Knete gesteckt.
4. Ein Stück Pfeifenputzer kann als Mund eingedrückt werden. Alternativ kann aus Moosgummi vorher ein Mund ausgeschnitten und in die Knete gedrückt werden.

Die fertigen Monster können in der Gruppe auf einem Tisch oder im Regal ausgestellt werden.

Tipp: Anstatt Knete können Sie auch lufttrocknende Modelliermasse verwenden.

Monsterkopfschmuck (ab 3 Jahren)

Material:
1 Pappteller pro Kind, Bleistifte, Scheren, Acrylfarben, Pinsel, ggf. Wackelaugen (selbstklebend), Moosgummivierecke (selbstklebend)

Vorbereitung:
Jedes Kind erhält einen Pappteller.

Arbeitsanleitung:
1. In die Mitte des Tellers werden zwei lange Augen aufgezeichnet. Bis auf die Augen wird die Mitte des Kreises ausgeschnitten. Bei jüngeren Kindern können Sie helfen.
2. Der Teller wird dann mit bunter Acrylfarbe angemalt. Die Kinder können die Augen mit Farbe aufmalen oder Wackelaugen aufkleben.
3. Nach dem Trocknen kann der Kopfschmuck mit Moosgummivierecken verziert werden.
4. Zum Schluss werden die Augen senkrecht nach oben geklappt.

Nun können die Kinder sich den lustigen Kopfschmuck aufsetzen und selbst zu kleinen Monstern werden!

Monsterklappbuch (ab 3 Jahren)

Material:
Kopiervorlage „Monsterklappbuch“ (s. S. 17), Buntstifte, Scheren, Tacker

Vorbereitung:
Die Vorlage wird für jedes Kind kopiert.

Arbeitsanleitung:
Die Kinder malen die Monster aus. Dann schneiden sie die Seiten rundherum aus und legen sie übereinander. Mit Ihrer Hilfe werden die Seiten am linken Rand zusammengetackert.
Die Kinder schneiden alle Seiten an den gestrichelten Linien ein. Fertig ist das Monsterklappbuch!

Nun können die Kinder die Streifen auf- oder zuklappen und so viele verschiedene Monster erschaffen.

BVK • Svenja Ernsten: Kita aktiv „Kleine Monster“

Kopiervorlagen „Monsterklappbuch“ (ab 3 Jahren)

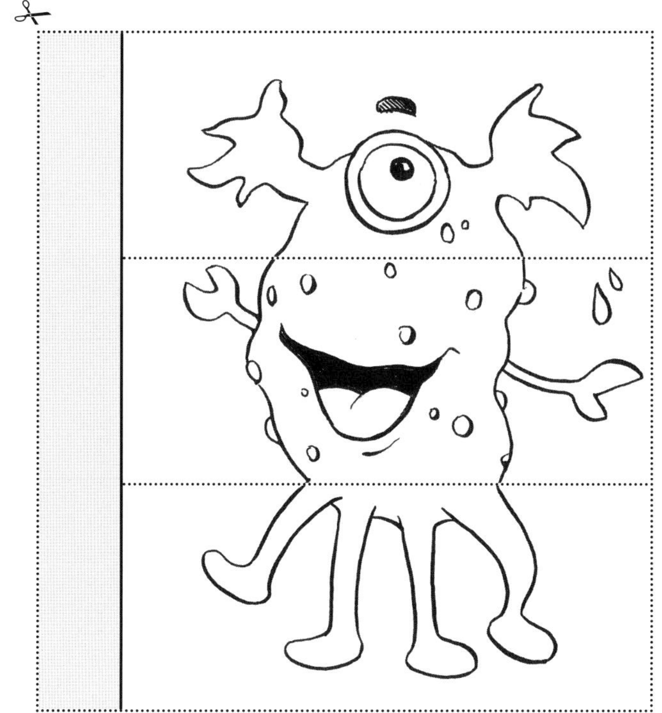

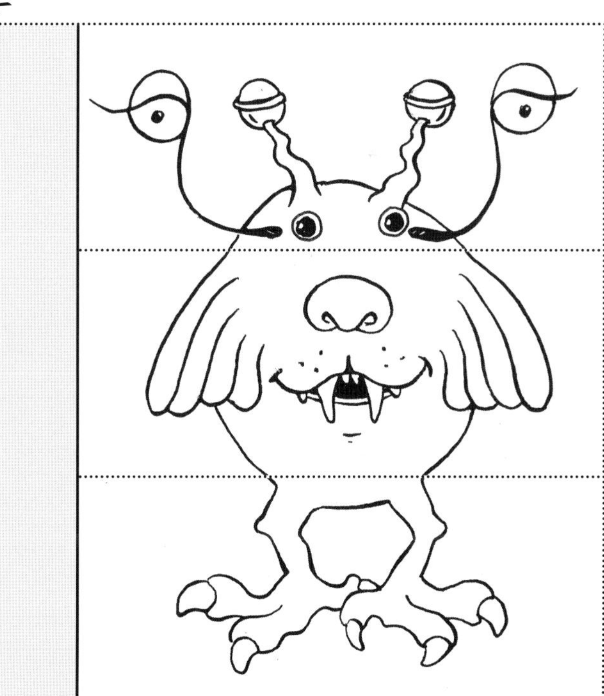

Monsterpompon (ab 4 Jahren)

Material:
Kopiervorlage „Pompon“ (s. u.), Bleistifte, dicker Tonkarton, Scheren, Wolle, eine stumpfe Nadeln, Filz, Bastelkleber

Vorbereitung:
Die Vorlage wird für jedes Kind zweimal mit Bleistift auf dicken Tonkarton übertragen. Der innere Kreis wird jeweils ausgeschnitten. Die Kinder suchen sich eine Wollfarbe aus und wickeln ein kleines Knäuel. Dieses sollte durch das Loch in den Scheiben passen.

Arbeitsanleitung:
1. Die beiden Tonkartonringe werden übereinander gelegt.
2. Das Ende eines Fadens wird um die Tonpapierringe geknotet. Der Faden wird mehrmals von außen nach innen um die Scheiben gewickelt.
3. Die Wolle wird so lange um die Scheiben gewickelt, bis in der Mitte kein Loch mehr zu sehen ist. Für die letzten Male kann eine stumpfe Nadel benutzt werden.
4. Es wird vorsichtig an der Längsseite in den Pompon geschnitten, bis die Pappscheiben zu sehen sind. Nun wird einmal zwischen den beiden Pappscheiben rundherum geschnitten.
5. Mit Ihrer Hilfe wird ein Faden zwischen die beiden Scheiben gelegt, festgezogen und verknotet. Die überstehenden Enden werden zu einer Schlaufe gebunden. Mit dieser kann der Pompon später aufgehängt werden.
6. Die Pappringe werden herausgezogen. Das Monster kann nun noch frisiert werden, indem zu lange Fäden mit der Schere abgeschnitten werden.
7. Aus dem Filz schneiden die Kinder Augen, eine Nase und einen Mund aus und kleben diese auf den Pompon.

Die fertigen Monsterpompons können im Gruppenraum aufgehängt werden.

Kopiervorlage „Pompon“

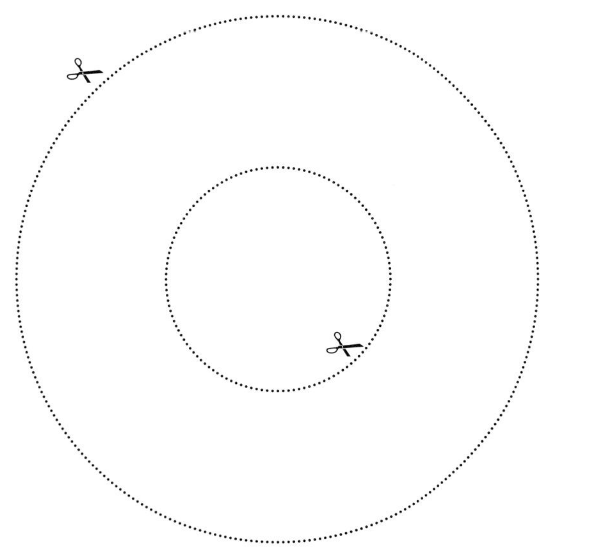

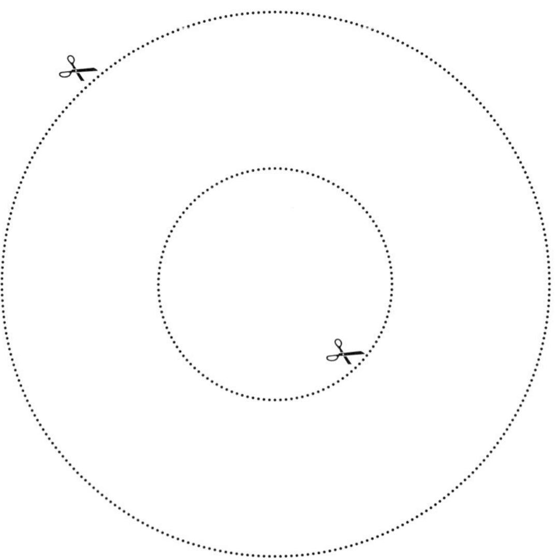

Monsterbohnen (ab 3 Jahren)

Material:
1 Blumentopf pro Kind, Acrylfarben, Pinsel, ggf. Klarlack, Schaufeln, Blumenerde, 2 Feuerbohnensamen pro Kind, 1 Sprühflasche, Wasser

Arbeitsanleitung:
1. Die Kinder malen den Blumentopf mit bunten Acrylfarben an. Nach dem Trocknen der Farben malen sie ein Monstergesicht auf. Die Blumentöpfe können anschließend noch mit Klarlack besprüht werden.
2. Ist der Klarlack getrocknet, füllen die Kinder Blumenerde in den Topf.
3. Die Bohnensamen werden ungefähr 2 cm tief in die Erde gedrückt.
4. Der Blumentopf wird an einen hellen Ort (z. B. auf eine Fensterbank) gestellt.
5. Die Erde wird regelmäßig mit der Sprühflasche befeuchtet.

Aus welchem Topf wächst wohl zuerst eine Feuerbohne?

Baummonster (ab 3 Jahren)

Material:
lufttrocknender Naturton, Naturmaterialien (z. B. Äste, Blätter, Zapfen, Rindenstücke, Federn, Gras)

Vorbereitung:
Jedes Kind erhält ein Stück Ton. Im Außengelände der Kita können die Kinder sich eine Stelle für ihr Monster an einem Baum aussuchen.

Arbeitsanleitung:
1. Der Ton wird weichgeknetet.
2. Die Kinder drücken den Ton mit den Händen so an die Rinde, dass eine Gesichtsform entsteht.
3. Aus den Naturmaterialien wird nun in dem Ton ein Gesicht gestaltet. Zum Beispiel können Äste, Zapfen oder kleine Steine als Augen, Nase und Mund in den Ton gedrückt werden. Aus Federn, Blättern oder Gras lassen sich gut Haare gestalten.

Sie können von den fertigen Baummonstern Fotos machen, die anschließend im Gruppenraum aufgehängt werden.

Tipp: Es bietet sich an, die Naturmaterialien vorher bei einem Wald- oder Parkspaziergang mit den Kindern zu sammeln. Achten Sie darauf, dass nur aufgesammelt wird, was schon auf dem Boden liegt und keine Pflanzen beschädigt werden.

Müllmonster (ab 4 Jahren)

Was fressen die Müllmonster? Verbinde richtig.

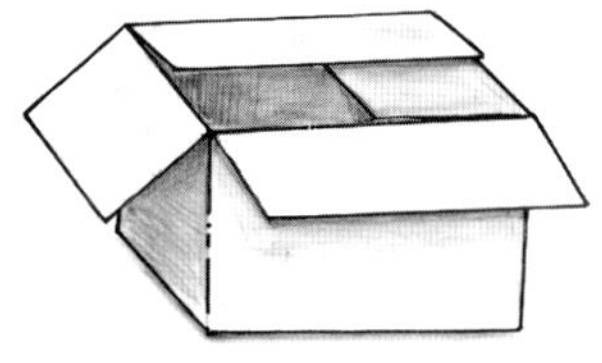

Monsterglibber (ab 2 Jahren)

Zutaten:
Fruchtgummitiere (z. B. Frösche, Würmer, Spinnen …), Wackelpuddingpulver, Zucker, Wasser

Arbeitsmittel:
Gläser, 1 Waage, 1 Messbecher, 1 Kochtopf, 1 Kochlöffel, 1 kleine Schüssel, 1 Schneebesen

Zubereitung:
1. Unten in die Gläser werden Gummitiere gelegt.
2. Das Wackelpuddingpulver (nach der Packungsanleitung) mit Zucker mischen und zusammen mit Wasser in einen Kochtopf geben.
3. Die Flüssigkeit erhitzen und dabei immer wieder mit dem Schneebesen umrühren.
   Achtung: Nicht kochen lassen!
4. Wenn die Mischung zähflüssig geworden ist, den Topf vom Herd nehmen und die Masse in die Gläser füllen.
5. Nachdem der Wackelpudding im Raum abgekühlt ist, kann er zum weiteren Abkühlen für mehrere Stunden in den Kühlschrank gestellt werden.

Fruktosefreie Variante:
Der Zucker kann durch Traubenzucker ersetzt werden.
Auch bei den Fruchtgummitieren sollte auf fruktosefreie Sorten geachtet werden.

Monsterschaumküsse **(ab 3 Jahren)**

Zutaten:
Schaumküsse, 100 g Puderzucker, Zitronensaft, Zuckeraugen, Zuckerschrift in verschiedenen Farben

Arbeitsmittel:
Tabletts, Schüssel, Löffel, Zahnstocher, Teller

Zubereitung:
1. Die Schaumküsse werden auf ein großes Tablett gestellt.
2. 100 g Puderzucker werden in eine Schüssel gegeben und mit zwei Esslöffeln Zitronensaft verrührt. Der Guss sollte möglichst dickflüssig sein. Eventuell noch zusätzlichen Puderzucker hinzugeben.
3. Mit dem Zahnstocher wird etwas Zuckerguss auf die Rückseite der Zuckeraugen gegeben und ein, zwei oder drei Augen vorsichtig vorne auf dem Schaumkuss befestigt.
4. Mit der Zuckerschrift können oben auf dem Schaumkuss noch Haare gemalt werden.
5. Die fertigen Monsterschaumküsse werden auf einen Teller zum Trocknen gestellt.

Fertig sind die Monsterschaumküsse!

Obst- und Gemüsemonster **(ab 2 Jahren)**

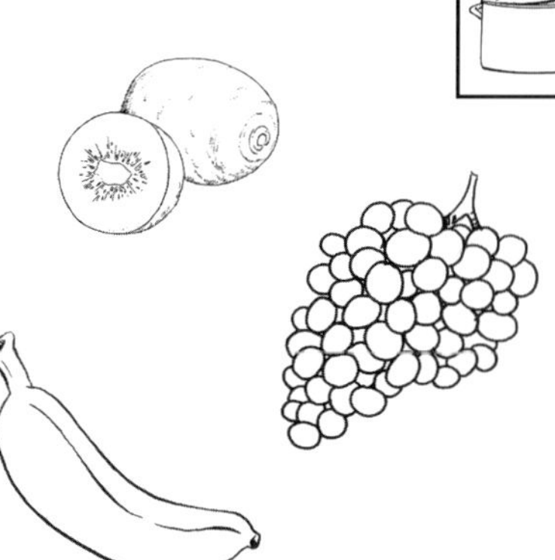

Zutaten:
verschiedene Obst- und Gemüsesorten (z. B. Banane, Apfel, Birne, Weintrauben, Heidelbeeren, Kiwi, Tomate, Gurke, Salat, Paprika …)

Arbeitsmittel:
Küchenkrepp, Messer, Schneidebrettchen, Teller

Zubereitung:
1. Das Obst und das Gemüse werden abgewaschen und abgetrocknet.
2. Bei Bedarf das Obst entkernen. Einige Obst- und Gemüsesorten (z. B. die Äpfel, Gurken, Kiwis, Paprikas …) können in kleinere Stücke geschnitten werden.
3. Die Kinder wählen Obst- und Gemüsestücke aus und legen sie so auf einen Teller, dass ein Monstergesicht entsteht.
4. Die verschiedenen Monster werden gemeinsam betrachtet.
5. Abschließend können die gesunden Monster verspeist werden.

BVK • Svenja Ernsten: Kita aktiv „Kleine Monster“

Wie viele Monster sind es? (ab 5 Jahren)

 Trage ein. 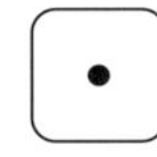 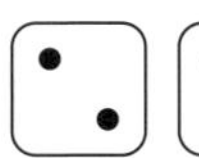    

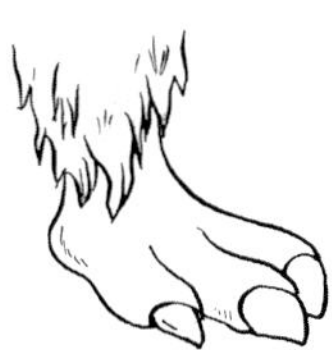

Monstersymmetrie (ab 5 Jahren)

Zeichne das Monster fertig.

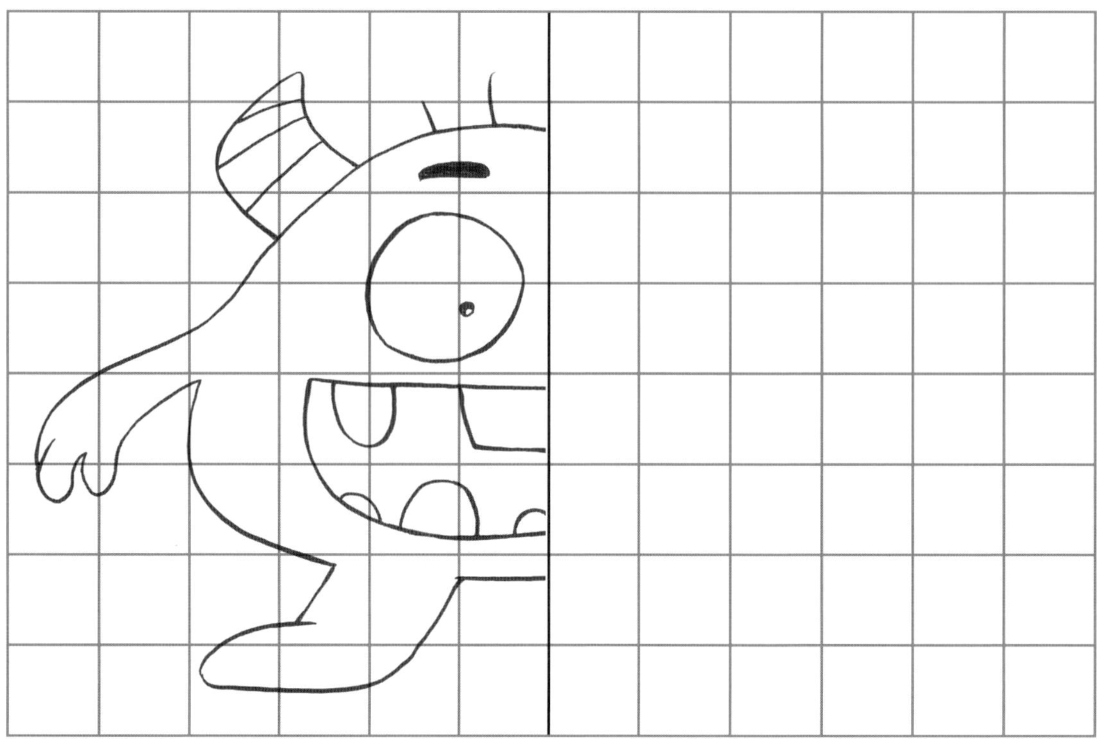

Monster-Würfelspiel (ab 4 Jahren)

Material:
weiße Blätter, Kopiervorlage „Monsterwürfelspiel" (s. S. 25), 1 Würfel, Bleistifte

Vorbereitung:
Jedes Kind erhält ein weißes Blatt. Die Kopiervorlage wird in die Mitte des Tisches gelegt.

Arbeitsanleitung:
Die Kinder würfeln nacheinander und zeichnen jeweils das gewürfelte Körperteil auf ihr Blatt ab.
Zum Schluss können die Kinder ihrem Monster noch einen Mund malen.
So entstehen ganz verschiedene Monster.
Diese können anschließend im Gruppenraum aufgehängt werden.

Tipp: Wenn Sie eine größere Gruppe haben, können Sie auch mehrere Würfel und Kopiervorlagen bereitlegen.

BVK • Svenja Ernsten: Kita aktiv „Kleine Monster"

Kopiervorlage „Monster-Würfelspiel“ (ab 4 Jahren)

	Körper	Hörner	Augen	Arme	Beine

Das Keksmonster (1) (ab 4 Jahren)

Zähle die Kekse zusammen.

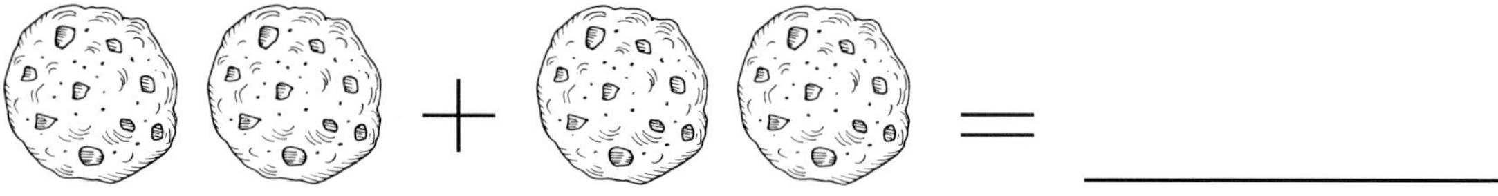

\+ =

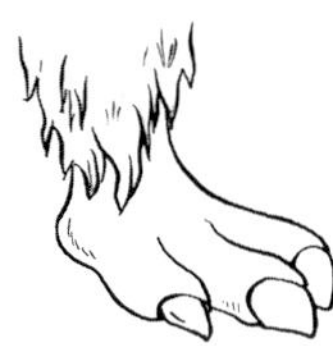

Das Keksmonster (2) (ab 5 Jahren)

Streiche Kekse durch und zähle sie.

Das Monster frisst 2 Kekse, zähle den Rest.

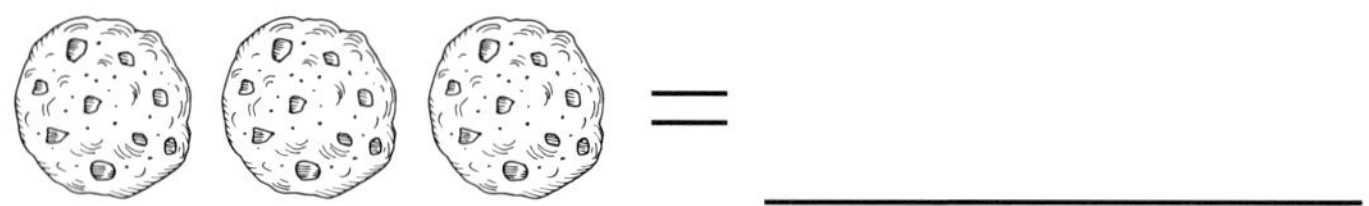

Das Monster frisst einen Keks, zähle den Rest.

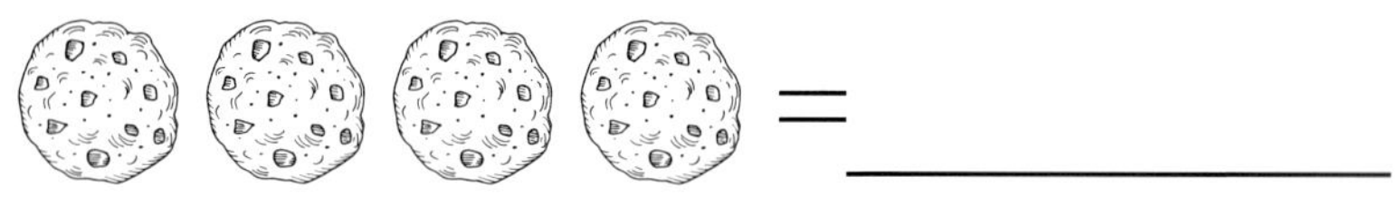

Das Monster frisst 2 Kekse, zähle den Rest.

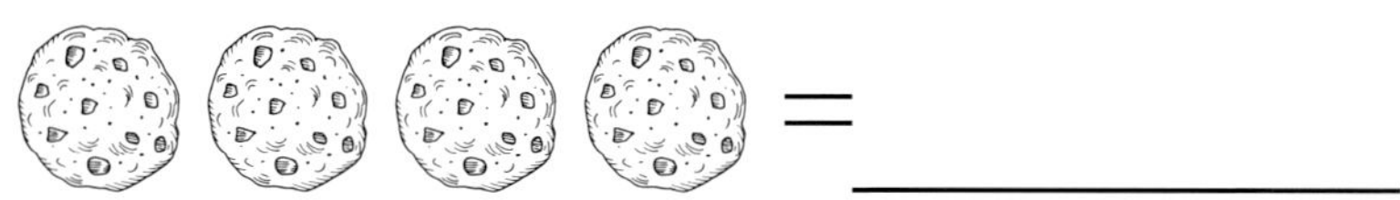

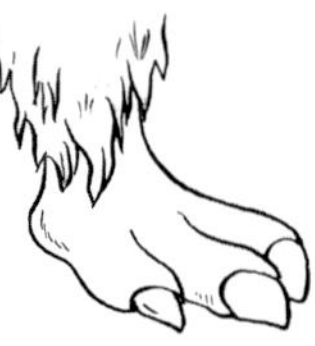

BVK • Svenja Ernsten: Kita aktiv „Kleine Monster“

Monster-Fest (ab 2 Jahren)

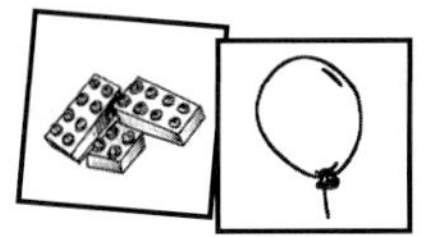

Einladung:
Die Kinder basteln Monstereinladungskarten für ihre Familien. Dafür kann die Anleitung und die Textvorlage genutzt werden (s. S. 28).

Dekoration:
Als Dekoration können im Gruppenraum die fertigen Bastelarbeiten ausgestellt werden, zum Beispiel die Pustemonster (s. S. 15), die Knetmonster (s. S. 15) und die Monsterboxen (s. S. 14).
Die Monsterpompons (s. S. 18) können im Gruppenraum an einer Schnur oder auch draußen an einem Strauch oder Baum aufgehangen werden.

Aufführung:
Die Kinder können auf dem Fest den Monsterkopfschmuck (s. S. 16) tragen.

Als Begrüßung kann das Lied „Zehn freche Zappelmonster“ (s. S. 13) gesungen werden. Dazu können zehn Kinder in den Kreis kommen. Sie machen passende Bewegungen zu dem Lied und verstecken sich am Ende der letzten Zeile hinter ihren Eltern.

Das Tanzspiel „Ich bin ein kleines Monster“ (s. S. 40) kann gemeinsam gesungen werden. Dabei können auch die Geschwisterkinder mitmachen. Es eignet sich auch gut als Abschlusslied des Festes.

Stationen für die Gäste:
Die Kinder und auch die Eltern können Monster abwerfen. Dazu werden Dosen beklebt, zu einer Pyramide aufgestapelt und mit einem Ball umgeworfen (s. S. 34).

Beim Monsteraugenspiel können die Kinder Tischtennisbälle mit einem Löffel über Hindernisse (s. S. 38) transportieren.

Das Monsterwürfelspiel (s. S. 24 / 25) kann gemeinsam gespielt werden.

Die Kinder können Monsterrasseln (s. S. 14) basteln und ausprobieren.

Büffet:
Einige Anregungen für ein Monsterbuffet finden Sie auf den Seiten 21 / 22.

Monster-Einladung (ab 3 Jahren)

Material:
bunter Tonkarton, 1 Schere, weißer Tonkarton, Wackelaugen, Kopiervorlage „Einladung“ (s. u.), Bleistift, Kleber

Vorbereitung:
Der bunte Tonkarton wird in Streifen geschnitten (ca. 12,5 cm x 35 cm, bei gängigem Tonkarton in den Maßen 25 cm x 35 cm erhält man so zwei Karten pro Blatt). Jedes Kind erhält einen farbigen Streifen und ein Stück weißen Tonkarton. Die Wackelaugen werden bereitgelegt.
Die Textvorlage wird für jedes Kind kopiert und ausgefüllt.

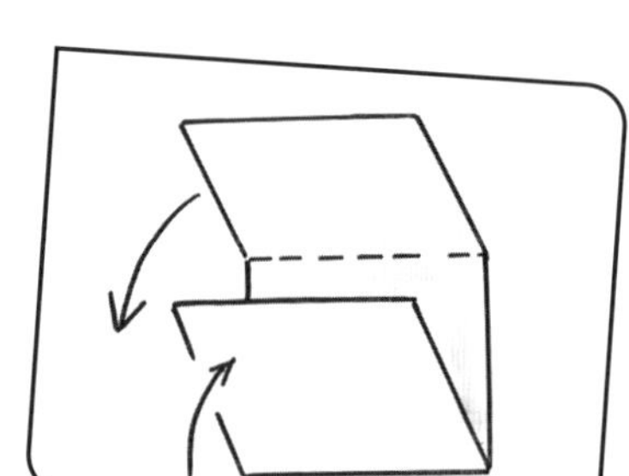

Arbeitsanleitung:
1. Die Kinder falten aus dem Tonkarton eine Karte, indem sie das obere Ende des Streifens zur Mitte knicken und zunächst wieder aufklappen.
2. Das untere Ende wird nach oben bis zu der entstandenen Knickkante gefaltet. Nun können die Kinder das obere Stück über den unteren Teil herunterklappen. Die Knickkanten können Sie auch als Hilfestellung vorab mit einem Bleistift markieren.
3. Aus weißem Tonkarton schneiden die Kinder Zähne aus und kleben diese hinter den oberen umgeklappten Tonkarton. Dafür muss über den Zacken genug Fläche zum Ankleben bleiben.
4. Vorne auf dem Tonkarton werden ein, zwei oder auch mehrere Wackelaugen aufgeklebt.
5. Die Kopiervorlage wird ausgeschnitten und in das Innere der Karte geklebt.

Kopiervorlage „Einladung“

Einladung zum
Monsterfest

Liebe Familie

______________________________,

wir laden Sie herzlich zu unserem monsterstarken Fest ein!

Wann? ______________________________

Wo? ______________________________

Monster füttern (ab 2 Jahren)

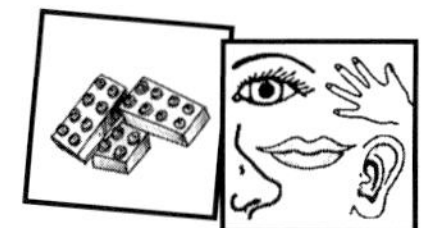

Material:
1 Tennisball pro Kind, 1 Cuttermesser, 1 Heißklebepistole, Wackelaugen, Löffel, kleine Gegenstände (z. B. Linsen, Kirschkerne, Haselnüsse, Perlen, Murmeln), Schüsseln

Vorbereitung:
Für jedes Kind wird ein Tennisball benötigt. Schneiden Sie die Bälle vorne bis zur Mitte mit einem Cuttermesser waagerecht ein. Kleben Sie darüber mit Heißkleber zwei Wackelaugen fest.

Arbeitsanleitung:
1. Zeigen Sie den Kindern, wie sie das Monster füttern können. Halten Sie den Tennisball dazu in der einen Hand. Drücken Sie ihn leicht zusammen, sodass sich das Maul öffnet. Füllen Sie mit einem Löffel Gegenstände (z. B. Linsen) in das Maul.
2. Jetzt füttern die Kinder ihre Monster. Dazu können Sie Schalen mit verschiedenen Materialien im Gruppenraum aufstellen. Wenn die Kinder möchten, können sie vorher mit den Händen durch die Materialien gehen und testen, wie sie sich anfühlen.
3. Wenn das Maul des Monsters gefüllt ist, schütten die Kinder die Gegenstände in die Schalen zurück.

Monster nachspuren (ab 4 Jahren)

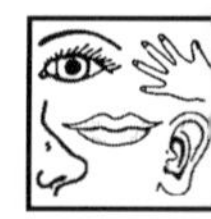

Spure nach.

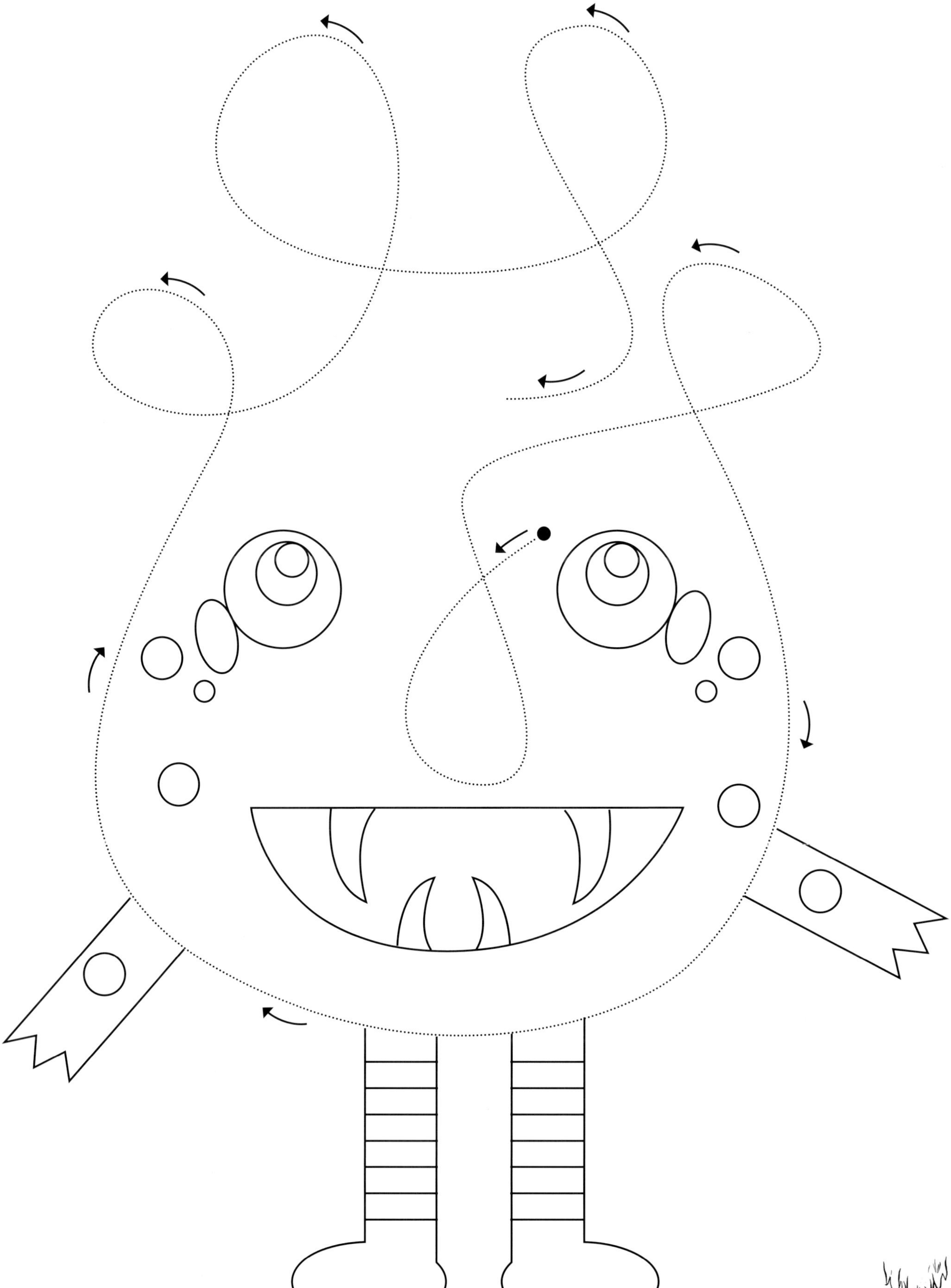

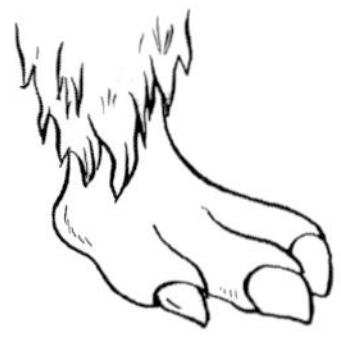

BVK • Svenja Ernsten: Kita aktiv „Kleine Monster“

Monster einsperren (ab 3 Jahren)

Material:
Papier, 1 Schuhkarton pro Kind, Buntstifte

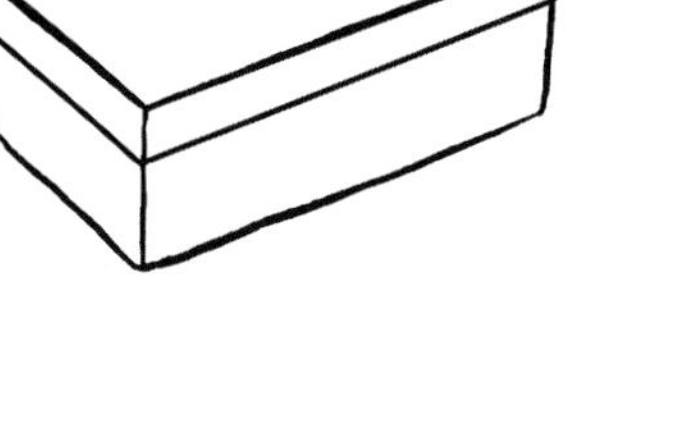

Vorbereitung:
Führen Sie mit den Kindern im Sitzkreis ein Gespräch zum Thema Angst vor Monstern. Befragen Sie die Kinder, ob sie schon einmal Angst vor einem Monster hatten.
Lassen Sie die Kinder frei erzählen. Fordern Sie die Kinder auf, zu berichten, wann sie schon einmal Angst hatten und wie die Monster aussahen, vor denen sie sich fürchteten.
Kündigen Sie an, dass es einen Trick gibt, wie man diese Monster besiegen kann.
Die Monster können dabei auch andere Ängste repräsentieren, wie zum Beispiel die Angst vor großen Hunden oder Spinnen.
Jedes Kind erhält ein weißes Papier und einen Schuhkarton.

Arbeitsanleitung:
Die Kinder malen die Monster, vor denen sie Angst haben, auf ein Blatt Papier. Der Schuhkarton wird als Gefängnis gestaltet. Bitten Sie die Kinder, das Bild und den Schuhkarton mit nach Hause zu nehmen. Abends sollen die Kinder das Bild in den Schuhkarton legen. Es kann zusätzlich noch mit einigen Büchern beschwert werden, damit die Monster nicht heraus können.
Am nächsten Tag können die Kinder sich darüber austauschen, ob der Trick funktioniert hat.

Monsterbahn (ab 3 Jahren)

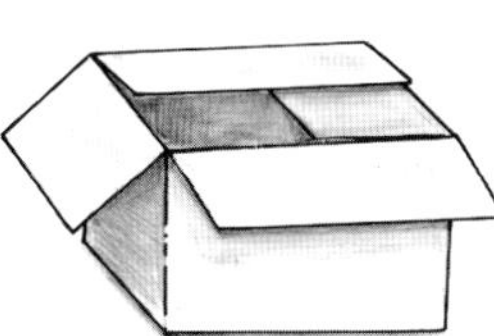

Material:
große Kartons, Tische, Decken, ggf. eine Taschenlampe

Vorbereitung:
Die Kinder gestalten mit großen Kartons, Tischen und Decken eine Monsterbahn, durch die man hindurchkrabbeln muss. Diese sollte in einem Raum aufgebaut werden, der abgedunkelt werden kann.

Durchführung:
Die Kinder krabbeln nacheinander durch die Monsterbahn. Einige Kinder können zusätzliche gruselige Geräusche machen. Wenn ein Kind zu viel Angst hat, kann es sich auch eine Taschenlampe mitnehmen oder mit einem Partnerkind durch die Monsterbahn krabbeln.

Monstertatzen (ab 2 Jahren)

Material:
Kopiervorlage „Monstertatzen“ (s. S. 33), dicke Pappe, 1 Bleistift, Scheren, Prickelnadeln, Schnürsenkel, Hütchen, Seile, ggf. Becher und Stöcke

Arbeitsanleitung:
1. Für jedes Kind werden mit Hilfe der Kopiervorlage zwei Monstertatzen auf dicke Pappe aufgemalt. Diese sollten ein Stück größer sein als die Füße der Kinder.
2. Die Monstertatzen werden ausgeschnitten und mit der Prickelnadel vier Löcher hineingestochen. (Vorher an die Füße der Kinder anpassen.)
3. Durch die Löcher wird jeweils ein Schnürsenkel gezogen. Mit diesen werden die Monstertatzen später an den Kinderfüßen befestigt.
4. In der Turnhalle oder auf einer Wiese wird mit Hütchen eine Strecke markiert. Als Hindernisse können Seile auf die Strecke gelegt werden, über die die Kinder steigen müssen. Für die älteren Kinder können auch höhere Hindernisse zum Beispiel mit Bechern und Stöcken aufgebaut werden.

Spielmöglichkeit:
Die Kinder ziehen die Monstertatzen an. Sie durchlaufen nacheinander den Parcours oder sie machen mit mehreren Kindern ein Rennen.

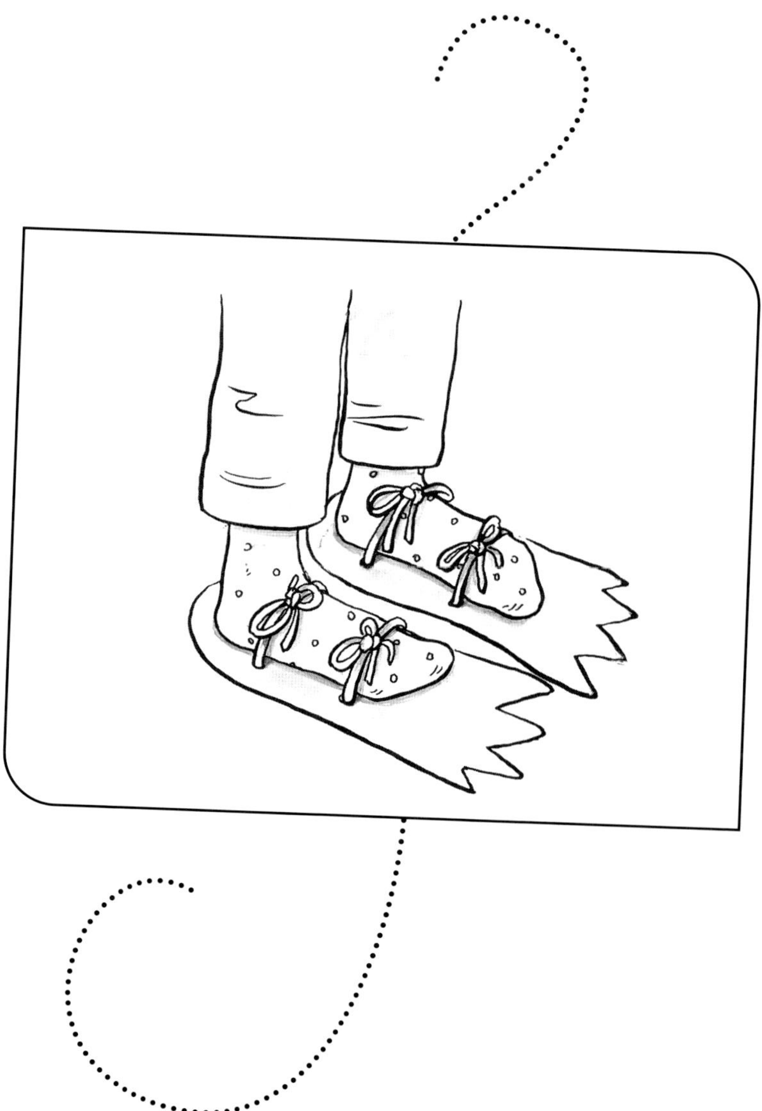

Kopiervorlage „Monstertatzen“

Bitte ggf. hochkopieren.

Monster abwerfen (ab 2 Jahren)

Material:
Kopiervorlage „Monster abwerfen“ (s. u.), 1 Schere, Buntstifte, Klebeband, Konservendosen, 1 weicher Ball, ggf. 1 Feile

Vorbereitung:
Die Kopiervorlage wird mehrmals kopiert und anschließend in der Mitte durchgeschnitten.
Jedes Kind erhält ein Monster und malt dieses mit Buntstiften an. Die Bilder werden ggf. zurechtgeschnitten und anschließend mit Klebeband von außen um die Konservendosen geklebt.

Arbeitsanleitung:
Die Konservendosen werden auf einem Tisch zu einer Pyramide aufgestapelt. Mit einem weichen Ball versuchen die Kinder, die Dosen umzuwerfen.

Hinweis:
Versäubern Sie vorher die Kanten der Konservendosen, sodass sich die Kinder nicht daran verletzen können. Dies können Sie zum Beispiel mit einer Feile machen.

Kopiervorlage „Monster abwerfen“

BVK • Svenja Ernsten: Kita aktiv „Kleine Monster“

Die Monster sind los! (ab 2 Jahren)

Material:
Bewegungsgeschichte „Die Monster sind los!“ (s. S. 36), Decken oder Matten

Arbeitsanleitung:
Die Bewegungsgeschichte sollte in einem größeren Raum, zum Beispiel in einer Turnhalle, durchgeführt werden. Kündigen Sie die Geschichte an und fordern Sie die Kinder auf, die Bewegungen der Geschichte mitzumachen.
Zu Beginn der Geschichte legen sich die Kinder auf Decken oder Matten auf den Boden. Lesen Sie die Geschichte nun vor.

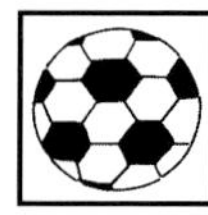

Monster-Yoga (ab 4 Jahren)

Material:
Bildkarten „Monster-Yoga“ (s. S. 37), ggf. Buntstifte, 1 Schere, ggf. 1 Laminiergerät und Laminierfolie, Matten

Vorbereitung:
Die Bildkarten werden kopiert und ausgeschnitten. Die Bilder können angemalt und zur besseren Haltbarkeit laminiert werden. In der Turnhalle oder im Gruppenraum werden Matten ausgebreitet. Dort wird pro Matte jeweils eine Karte ausgelegt. Sie können die Bildkarten den Kindern vorab zeigen und die Übungen vormachen.

Arbeitsanleitung:
Die Kinder laufen von Matte zu Matte und betrachten die Karten. Sie versuchen, jeweils die Übung nachzumachen.

BVK • Svenja Ernsten: Kita aktiv „Kleine Monster“

Bewegungsgeschichte „Die Monster sind los!“

Die Monster sind noch müde. Sie liegen in ihren Betten.
Die Kinder liegen am Boden.

Langsam werden sie wach. Sie recken und strecken sich und stehen auf.
Die Kinder recken und strecken sich.

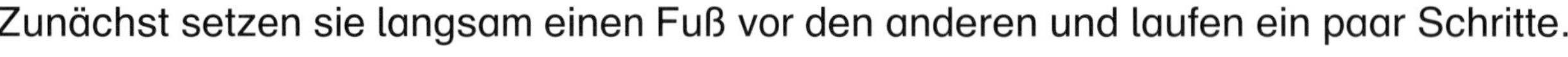

Zunächst setzen sie langsam einen Fuß vor den anderen und laufen ein paar Schritte.
Die Kinder laufen langsam.

Sie schauen in den Himmel.
Die Kinder schauen nach oben.

Die Sonne scheint. Fröhlich hüpfen die Monster weiter.
Die Kinder hüpfen durch den Raum.

Dann bleiben sie kurz stehen und schauen in die Ferne.
Die Kinder bleiben stehen und halten die Hand an ihre Stirn.

In der Ferne entdecken sie einen Berg. Dort wollen sie hin. Sie laufen immer schneller.
Die Kinder laufen immer schneller.

Schließlich sind die Monster am Berg angekommen. Sie steigen hinauf.
Die Kinder heben die Füße auf der Stelle hoch und runter.

Der Berg wird immer steiler. Der Aufstieg ist sehr anstrengend.
Die Kinder laufen langsam auf der Stelle und heben die Knie dabei hoch.

Zum Schluss kriechen sie auf allen Vieren.
Die Kinder kriechen auf allen Vieren.

Die Monster haben die Bergspitze erreicht. Juchhu! Die Aussicht ist toll!
Sie springen vor Freude in die Luft.
Die Kinder springen in die Luft.

Gemeinsam machen Sie einen Monstertanz. Sie trommeln mit den Händen auf ihre Brust und rufen laut dazu Uah-uah.
Die Kinder trommeln mit ihren Fäusten auf ihre Brust und rufen dazu „Uah-uah“.

Die Monster laufen wild durcheinander.
Die Kinder laufen durcheinander im Kreis.

Schließlich ist Zeit für eine Pause. Immer zwei Monster setzen sich mit dem Rücken aneinander und dösen in der Mittagssonne.
Je zwei Kinder setzen sich mit dem Rücken aneinander und schließen die Augen.

BVK • Svenja Ernsten: Kita aktiv „Kleine Monster“

Bildkarten „Monster-Yoga“

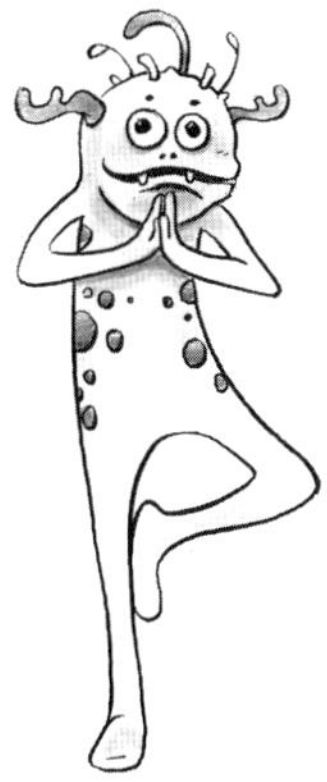

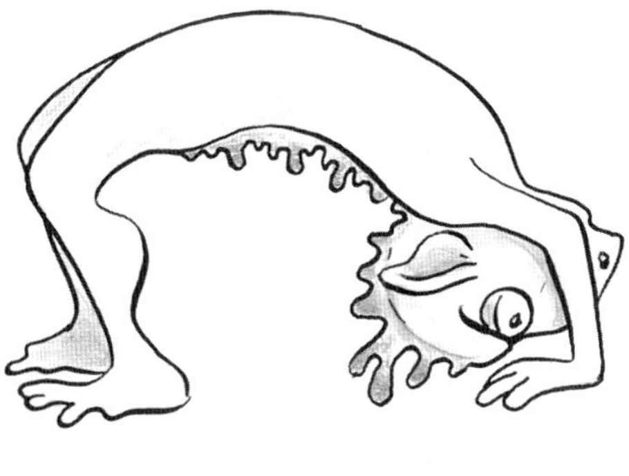

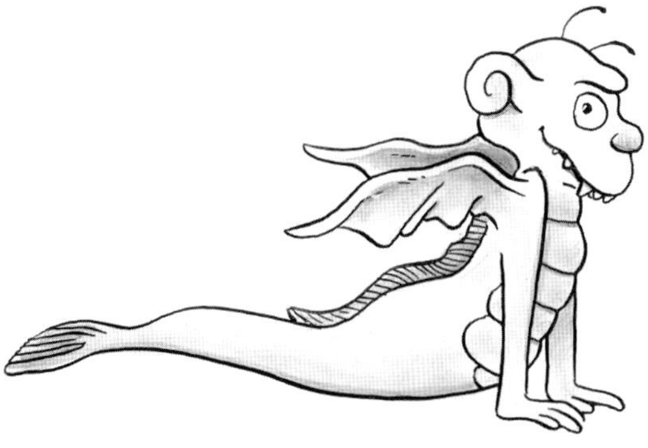

Monsteraugen-Spiel (ab 3 Jahren)

Material:
Tischtennisbälle, 1 schwarzer Filzstift, Löffel, 2 Seile, Hindernisse (kleine Kästen oder Kartons, Kegel)

Vorbereitung:
Die Tischtennisbälle werden mit einem schwarzen Filzstift als Augen gestaltet.
Jedes Kind erhält einen Löffel und einen Ball.
Mit jeweils einem Seil werden eine Start- und eine Ziellinie markiert.
Die Kästen oder Kartons und die Kegel werden als Hindernisse aufgestellt.

Spielanleitung:
Die Kinder legen das Monsterauge auf den Löffel und versuchen, es über und um die Hindernisse herum ins Ziel zu tragen.

Gefühlsmonster (ab 3 Jahren)

Material:
Kopiervorlage Bildkarten „Gefühlsmonster“ (s. S. 39), 1 Schere, ggf. Buntstifte, ggf. 1 Laminiergerät und Laminierfolie

Vorbereitung:
Die Bildkarten werden ausgeschnitten. Sie können in passenden Farben angemalt und zur besseren Haltbarkeit laminiert werden.

Arbeitsanleitung:
Legen Sie die Bildkarten im Kreis aus. Lassen Sie die Kinder die Karten betrachten.
Fordern Sie die Kinder auf, zu beschreiben, wie sich die Monster fühlen.
Die Karten können auch in angenehme und unangenehme Gefühle sortiert werden.
Die Kinder können eine Gefühlskarte hochhalten, die ihr aktuelles Gefühl beschreibt und den anderen Kindern erklären, warum sie sich heute so fühlen.

BVK • Svenja Ernsten: Kita aktiv „Kleine Monster“

Bildkarten „Gefühlsmonster“ (ab 3 Jahren)

 fröhlich	 traurig	 wütend
 ängstlich	 erstaunt	 müde
 verliebt	 aufgeregt	 zufrieden
 beschämt	 stolz	 gelangweilt

Ich bin ein kleines Monster (ab 2 Jahren)

Arbeitsanleitung:
Die Kinder stellen sich im Kreis auf und singen gemeinsam. Ein Kind läuft dabei in der Mitte des Kreises umher. Bei der entsprechenden Liedzeile sucht es sich ein anderes Kind aus und tanzt mit diesem. Wenn die Strophe neu beginnt, ist das ausgewählte Kind das kleine Monster und wählt wiederum ein anderes Kind aus dem Kreis aus.
Entweder geht das vorherige kleine Monster in den Kreis zurück oder es wird so lange gesungen, bis alle Kinder in der Mitte tanzen.

Melodie: traditionell nach „Ich bin ein dicker Tanzbär“; Text: Svenja Ernsten

Ich bin ein klei-nes Mons - ter und kom - me aus dem Wald. Ich
such mir ei - nen Freund aus und fin - de ihn schon bald.
Ja, wir tan - zen hübsch und fein, von ei - nem auf das ande - re Bein.
Ja, wir tan - zen hübsch und fein, von ei - nem auf das ande - re Bein.

BVK • Svenja Ernsten: Kita aktiv „Kleine Monster“